Inhaltsverzeichnis

Inhaltsverzeichnis 1
Achtsamkeit – ein Wegweiser................................. 2
Vorwort 3
Achtsamkeit – was kann ich mir darunter vorstellen 5
Achtsamkeit beginnt in der Kindheit 9
Achtsamkeit als Mutter – Ein Kind zu haben – das schönste Glück auf Erden?.................................. 21
Achtsamkeit im Alter – was tun, wenn wir nichts mehr tun? 39
Unser Inneres Kind wird uns leiten 52
»Ja, aber …« 60
In dir selbst liegt die Kraft! 68
Reizüberflutung – wie kann Achtsamkeit helfen? . 77
Impressum... 96

Achtsamkeit – ein Wegweiser

DiKay

Copyright © 2017 DiKay, Autorin

1. Auflage 2017

Achtsamkeit – ein Wegweiser möchte Sie begleiten auf dem Weg, sich selbst neu zu entdecken, ihre Aufmerksamkeit auf sich selbst zu richten, sich *selbst* anzunehmen – *de facto*, dieses Buch hat zum Ziel, Ihnen Ihr Leben aus einer anderen Perspektive aufzuzeigen.

Wir werden uns dem Thema *Achtsamkeit* aus verschiedenen Blickwinkeln nähern und ich wünsche Ihnen viel Spaß, Erkenntnis und Freude mit diesem kleinen Büchlein, welches Ihr bisheriges Leben auf den Kopf stellen wird.

Die vom Autor genutzten Quellen, welche zur Vertiefung des Themas herangezogen wurden, sind: Wikipedia, frei zugängliche Blogs über das Thema Achtsamkeit. Einige Fragmente sind den Zeitschriften *Herzstück*, *Engel Magazin* und *Happinez* entnommen. Ein herzliches Dankeschön dafür!

Affirmation: Sei ein achtsamer Gestalter deines Lebens.

Vorwort

Achtsamkeit, was ist das überhaupt? Vereinfacht ausgedrückt ist es ein Weg zu innerer Klarheit, Ruhe und innerem Frieden mit uns selbst.

Unsere heutige, hektische Welt verlangt nach einem Ausgleich. Achtsamkeit ist eine Jahrtausende alte, dem Buddhismus nahestehende Lehre der Langsamkeit und des erfüllten Lebens.

Wir werden in diesem Buch über unser Leben sprechen. Wie führen wir es *jetzt*? Wie *würden* wir es gerne führen.

Wir werden unsere Kindheit besprechen, vieles liegt bereits darin begründet. Wir schauen, wie wir positive Energien entfachen können, denn all das ist Achtsamkeit.

Wir müssen wieder lernen uns so anzunehmen wie wir sind.

Hierbei möchte Ihnen dieser kleine Wegweiser helfen.

Affirmation: Ein jeder ist eine liebevolle Seele.

Achtsamkeit – was kann ich mir darunter vorstellen?

Lassen Sie es mich so sagen. Es sind viele kleine Puzzleteilchen, die das große Ganze letztendlich ausmachen werden, und in diesem Buch werden wir versuchen eine Änderung unseres Denkprozesses herbeizuführen. Achtsamkeit ist ein Bewusstseinszustand, eine Komplexität, die wir erlernen können, wenn wir den Mut und den Willen haben, uns zu verändern.

Nimmt man einmal das Wort Acht-sam-keit auseinander, dann entstehen drei Sinngebungen:

- *Gibt auf dich Acht!*
- *Sei achtsam mit Dir und Deinem Leben.*
- *Achtsam sein! Nichts zulassen, was deiner Seele nicht gut tut.*
- *Alles ist im Fluss.*

Andere Sinngebungen, die ebenfalls von tragender Kraftgebung sind, wären Folgende:

- *Achte auf Dich.*
- *Achtsamkeit ist eine Form der Aufmerksamkeit.*
- *Gehe achtsam mit deiner Kraft, deinem Geist und deinem Körper um.*

Ich finde, dass ist schon eine ganze Menge geistiger Anregung, die wir erst einmal in uns aufnehmen müssen. Lassen Sie uns deshalb einmal tief durchatmen, in uns hinein spüren, unserem Atem nachspüren.
Was passiert in diesem Moment mit uns? Idealerweise spüren wir, wie wir durch dieses Innehalten ruhiger, gelassener und eben achtsamer werden.
Achtsamkeit ist eine Form von Aufmerksamkeit. Wir sollten also stets – beschäftigen wir uns intensiv mit der Achtsamkeit – unsere Aufmerksamkeit gezielt hierauf lenken. Mehr braucht es nicht. Alles ist im Fluss.
Die Achtsamkeit zeigt Ihnen, wie Sie Stress besser in den Griff bekommen, wie Sie innere Blockaden besser lösen können und Rückfälle in alte

Verhaltensmuster besser auffangen – wohlgemerkt: Sich *selbst* besser auffangen können.

Denn, um es noch einmal klar zu definieren: Alles, was wir in diesem Buch besprechen oder worüber wir reden, gilt ganz allein *Ihnen, Ihrer Person* und *Ihren Emotionen*.

Hier ist unter anderem auch Ihr Selbstwertgefühl gefragt. Denn wer sich selbst nicht annehmen kann, wird schwerlich die Achtsamkeit für sich in Erwägung ziehen.

Sie kennen es doch sicherlich auch: Dieser tägliche Stress raubt uns unsere letzten Energien, saugt uns teilweise förmlich aus. Unser Körper reagiert: Kopfschmerzen, Gliederschmerzen, Ängste und vermehrte Sorgen sind die Folge.

Kommen wir dann nach Hause warten vielleicht unbezahlte Rechnungen auf uns oder anderweitige Probleme. Hieraus erfolgen schlaflose Nächte. Und wir, wir sind plötzlich im schönsten Gedanken Karussell gefangen.

Reagieren wir jetzt nicht – reagieren wir nie mehr. Dann halten wir an unseren Gewohnheiten fest. Achtsamkeit durchbricht diesen Kreislauf, doch um dies zu verstehen, müssen wir uns erst einmal mit diesem Thema befassen.

Wie geht es Ihnen in genau diesem Moment wo Sie beginnen, dieses Buch zu lesen?
Sicherlich haben Sie es gekauft, um sich dem Thema Achtsamkeit zu nähern und vielleicht das eine oder andere Wohlgefühl daraus für sich zu erzielen. Wäre es nicht schön, dies zu erreichen? Oftmals ist es einfacher als man denkt.
Achtsamkeit existiert schon sehr lange und ist eine alte, dem Buddhismus entstammende Lehre für eine neue Qualität des Lebens. Lassen Sie uns gemeinsam diesen Weg zu mehr innerer Klarheit, zu Ruhe und mehr Gelassenheit gehen.
Übrigens: Im Internet gibt es mittlerweile eine ganz hervorragende Achtsamkeits-App. Einfach googeln und auf Ihr Smartphone oder I-Pad herunterladen.

Affirmation: In dir selbst liegt die Kraft des Machbaren.

Achtsamkeit beginnt in der Kindheit

Stolpersteine – überall Stolpersteine. Unser Leben verläuft leider nicht nach Schema F, denn in unserer hektischen, ja oftmals feindseligen Welt sind überall Stolpersteine die wir überspringen müssen, tun wir dies nicht gehen wir unter. Wir wünschen uns, dass wir bedingungslos geliebt werden, dass wir das Glück im Hier und Jetzt finden. All das können wir durch Achtsamkeit erzielen, nur wie dorthin gelangen?
Bereits in frühester Kindheit hört ein Kleinkind meist Folgendes: *Tue dies nicht, bitte lass die Finger davon! Frag doch nicht so viel, sei doch endlich einmal still, es nervt! Denk nicht so viel über all das*

nach, sei nicht so zimperlich. Schrecklich, nicht wahr?

Ein Kind muss ein Kind bleiben dürfen, solange es eben geht. Wir, als Eltern sind dazu aufgefordert ein Kind in seiner Entwicklung zu begleiten, ihm einen elementaren Rückzugsort zu bieten, an welchem es seine Gedanken sortieren kann und Kind sein darf. All das schließen wir jedoch von vornherein kategorisch aus, wenn wir uns die oben genannten Begriffe, welche kursiviert sind, zu Eigen machen.

Ein Kind soll und hat zu *funktionieren*! In der Schule, zu Hause, bei Aktivitäten, die teilweise von den Eltern angestrebt und gefördert werden, die das Kind für sich genommen jedoch ablehnt.

Natürlich sind da kontroverse Auseinandersetzungen vorprogrammiert. – Ein Kind möchte vielleicht einfach nur Kind sein und eben *nicht* zum Klavierunterricht gehen müssen, oder zum Ballettunterricht oder zum Yogakurs. Der Beispiele gibt es ja nun viele.

Sehen wir es doch realistisch und ohne irgendwelche Emotionen: *Ein Kind darf heute nicht mehr Kind sein* – das ist die traurige Sequenz die wir, beschäftigen wir uns mit der Thematik der Achtsamkeit, Langsamkeit und Selbstliebe erkennen müssen.

Ein Kind, welches nicht einmal mehr Zeit zum freien Spiel hat, entwickelt sich völlig anders als beispielsweise eines, wo die Mutter dem Kind Freiraum gewährt, sich selbst zu finden, sich eigene, kindgerechte Ziele zu stecken und nicht im zarten Alter von drei oder vier Jahren in eine Welt hineingedrängt wird, wovor es sich vielleicht unbewusst ängstigt.

In dieser, unserer Zeit, wo viele Menschen einem Reizpegel unterliegen, in sich zusammen fallen oder schlichtweg dem Druck nicht mehr gewachsen sind und ausbrennen, verlangen wir unbewusst von unseren Kindern dass sie genau das lernen zu *funktionieren. Wir* legen es Ihnen quasi in die Wiege. Das kann nicht das Ziel der Elternschaft sein.

Elternschaft übernehmen Sie – könnte man provokant rufen, denn oftmals sind Lehrkräfte, Erzieher und vor allem Heilpädagogen restlos überfordert mit kleinen Zappelphilippen, die zu früheren Zeiten einfach mal in die Natur geführt wurden und dort mit kleinen Stöcken gegen Bäume und Büsche schlagen durften.

Diese Kinder unterlagen keinen Aggressionen, keinem Bauchweh oder nervösen Reizen. Sie waren ausgeglichen, weil sie ihren Drang nach Freiheit ausleben konnten. Das was tun wir? Wir begehen einen fatalen Fehler. Ein wenig Ritalin tut es doch auch, bevor wir uns dazu bequemen mit den Kindern einen ausgedehnten, erlebnisreichen Waldspaziergang zu unternehmen.

Ich weiß, das alles klingt provokant, doch es ist genau so gemeint. Die Augen vor dem zu verschließen, was in der heutigen Zeit verbunden mit den Anforderungen an die Kinder passiert, kann nicht der Weg der Achtsamkeit sein. Wir müssen uns vor Augen halten, dass unsere Kinder das höchste Gut ist, welches wir haben. Nie zuvor wurden den Eltern so viel Tipps an die Hand gegeben wie in unserer heutigen Zeit. Auf die Idee die Eltern selbst bestimmen zu lassen wie sie ihren Nachwuchs erziehen möchten ist noch niemand gekommen.

Folgende Unterhaltung ließ mich zwar amüsiert, aber auch sehr traurig zurück: Ein kleines, ca. fünf Jahre altes Mädchen fragte seine Mutter nach der lila Kuh. Hier gibt es ja nur Schwarz-Bunte? Tja, die Mutter hatte keine Antwort darauf parat und diesen Schuh musste sie sich wohl ganz allein anziehen. Lila Kühe gibt es eben nur in der Werbung! Doch auch hier gilt die Devise: Erst einmal besser machen.
Die Elternschaft hat es heute nicht eben leicht: Frauen werden gemobbt wenn sie ein Kind bekommen, kommt dann vielleicht noch ein zweites Kind dazu, stöhnen die Kollegen meist auf; Väter im Elternurlaub sind ebenfalls nicht gern gesehen – da kann einem schon mal der Kragen platzen. Und in

unserer heutigen leistungsorientierten Welt ist es nicht gerade einfach ein Kind großzuziehen.

Es hilft daher wenig, Eltern zu verurteilen oder ihnen den warnenden Zeigefinger zu zeigen. Besser ist es, das Leben völlig umzukrempeln. Grundfeste neu zu entdecken kann sehr spannend sein, denn wollen wir wirklich dass unsere Kinder zu kleinen Robotern mutieren, die bereits im Babyalter zu funktionieren haben? Das kann nicht wirklich unser Bestreben sein.

Also sollten wir Folgendes erzielen:

• *Gefühle zulassen.*

• *Selbstentscheidend dem Kind zur Seite stehen, jedoch zu nichts zwingen.*

• *Abendliche Spieleabende einbauen, anstatt vor dem Fernseher zu hocken.*

• *Tränen zulassen, um die Seele zu reinigen.*

• *Emotionen zulassen.*

• *Aufgeschlossenheit.*

• *Lustig und fidel spielen.*

• *Freude an der Kindheit haben.*

Jede Phase unseres Lebens ist von Wichtigkeit. Doch das Kind sein ist die Wichtigste von allen. Hier legen wir den Grundstein, quasi unseren roten Faden, welcher uns ein Leben lang begleitet. Bauen wir hier nur Hürden auf, so werden unsere Kinder nie frei sein.

Nicht jeder kann es sich leisten, seine Kinder in eine Waldorfschule oder eine KiTa mit ganzheitlichem Spielsystem unterzubringen – doch wir können eine ganze Menge von diesen Institutionen lernen. Diese Schulen und KiTas geben gern Auskunft über ihre Lernprogramme, auch wenn man es sich, wie bereits oben erwähnt, nicht leisten kann, seine Kinder dorthin zu geben. Was wir selbst daraus erlernen können, ist jedoch von größter Wichtigkeit.
Kinder, die solche Institutionen besuchen, sind durchaus sanftmütiger. Sie sind nicht so schnell erregbar, weil sie Förderung, Anregung und Nachhilfe bekommen, da, wo sie angebracht ist. Diese Kinder werden ernst genommen. Selbst eine

musikalische Früherziehung dürfen sie genießen – und das alles ohne Druck!

Wohlgemerkt, weder möchte ich hier ein Plädoyer auf irgendwelche Schulsysteme noch KiTas halten, die sich entweder an dem Waldorf-Prinzip oder dem Montessori-Prinzip orientieren, doch es stimmt schon nachdenklich, wie ausgeglichen und in sich ruhend solche Kinder oftmals sind, und die Lehrerschaft an ihre *Berufung* herangeht (Anmerkung: Beruf sollte immer *Berufung* sein).

Schon Khahil Gibran, der große arabische Dichter 1883-1931, hatte folgende Begrifflichkeit zum Thema Kinder:

Eure Kinder sind nicht eure Kinder.
Sie sind die Söhne und Töchter der Sehnsucht des Lebens nach sich selber.
Sie kommen durch euch, aber nicht von euch,
Und obwohl sie mit euch sind, gehören sie euch doch nicht.
Ihr dürft Ihnen eure Liebe geben, aber nicht eure Gedanken.

Denn sie haben ihre eigenen Gedanken.

Ihr dürft ihren Körpern ein Haus geben, aber nicht ihren Seelen.

Denn ihre Seelen wohnen im Haus von morgen, das ihr nicht besuchen könnt,
nicht einmal in euren Träumen.

Soweit der Auszug aus diesem brillanten Gedicht, welches wie kein anderes, genau diese Situationen beschreibt, die wir in diesem Abschnitt des Buches besprechen.

Würden wir dem Thema Achtsamkeit folgen, hätte Khahil Gibran sehr Recht mit der These, *die Söhne und Töchter sind die Sehnsucht nach sich selber.* Wir wollten uns fortpflanzen, doch wir haben den Wunsch, die Kinder formen nach unserem Sinnbild – unsere Kinder in Demut, Liebe und Einfachheit aufwachsen zu sehen – haben wir das schlichtweg verlernt? Erziehung ist auch dazu da, Fehler einzugestehen. Fehler zu begehen und diese dann zuzugeben, ist doch sinnvoller als sie gar nicht zu hinterfragen.

Ein altes deutsches Sprichwort sagt: *Es ist noch kein Meister vom Himmel gefallen* – wie wahr. Nie zuvor ist sich so viel mit Kindern, deren Beschäftigung, sowie deren Heranwachsen beschäftigt worden wie zu unserer Zeit.

Begehen wir da nicht einen fatalen Fehler?

Wir sollten ein Kind, welches die Mutter unter Schmerzen geboren hat, Kind sein lassen. Natürlich ist die Welt heute eine andere, doch wer sagt uns eigentlich, dass wir mit dieser Herde, die die Kinder mit Tätigkeiten wie Babyschwimmen, Babysport, Krabbelgruppen, oder bei den Drei- bis Vierjährigen mit Sport aller Art vollstopfen?

Wohlgemerkt! Nicht alles ist schlecht! Wir brauchen doch einfach nur selbst *Stopp* zu sagen, wenn wir meinen es reicht! Bis hierhin und nicht weiter – mein Kind wächst nicht mit Stresselementen auf, sondern in Harmonie, Ruhe und innerer Gelassenheit. Kinder von heute wachsen anders auf als noch vor zehn Jahren – doch wir haben es immer noch selbst in der Hand die Bremse zu ziehen.

Sind wir erst einmal soweit uns dies eingestehen zu können, haben wir einen großen Schritt hin zu mehr Achtsamkeit in unserem Leben getan.

Es verhält sich so wie mit einem galoppierenden Pferd, entweder wir verlieren (den Reiter) oder wir gewinnen Etwas (das Erlernen des Reitens) – nämlich wieder einen Sinn in unser Leben hineinzubringen.

Wir müssen entschleunigen.

Lösungsansätze liegen parat, wir müssen nur nach ihnen greifen, uns bewusst machen: Wie war es, als wir selbst Kind waren? Wir haben doch auch draußen frei gespielt, hatten Freunde und sind auf den Bolzplatz gegangen. Abends waren wir dreckig wie kleine Spatzen – unsere Kindheit haben wir genossen!

Was also läuft schief, dass Eltern sowie Kinder so viel Stress mit ihren Freizeitaktivitäten, ihren sportlichen Aktivitäten und dem »Vollstopfen« der freien Nachmittage haben?«

Die Eltern sowie auch die Kinder folgen dem Tross, dieser Herde, möchten nicht ausscheren aus dieser, weil sie Angst vor Ausgrenzung haben. Schließlich gehen die Freunde der Tochter ja auch zum Ballettunterricht.

Oftmals ist es sinnvoll, sich eben nicht von jedem und allem in ein Korsett zwängen zu lassen. Vielleicht möchte man all das gern selbst bestimmen.

Ich bin einzigartig – und genau das erbitte ich für mein Kind.

Affirmation: Ihr dürft euch bemühen, aber versucht nicht, sie (eure Kinder) euch ähnlich zu machen.

Übrigens gibt es zu diesen Themen ganz speziell ausgerichtete, sehr schön anzuhörende CD's, die sich mit dem KindSein und der Kindheit im Besonderen beschäftigen. Schauen Sie ruhig einmal ins Internet (christliche Verlage beispielsweise, bieten zum Teil hervorragende Trainings-CD's an).

Bevor wir uns dem Kapitel – Achtsamkeit (Mutter werden/Mutter sein) zuwenden, lassen Sie mich noch eines anmerken: Es gibt heute sehr viele Bücher über Achtsamkeit und jedes hat eine andere Botschaft – wir haben uns speziell auf die Botschaft Kind, Mutterschaft, Senioren sowie unser Inneres Kind festgelegt. Es würde den Rahmen des Buches sprengen alle zur Verfügung stehenden Themen heranzuziehen.

Achtsamkeit als Mutter – Ein Kind zu haben – das schönste Glück auf Erden?

Machen wir uns nichts vor. Ein Kind zu bekommen ist mit Schmerzensschreien, mit Presswehen mit dem Herauspressen des Kindes aus unserer Vagina verbunden – all das kann man zwar durch Akupunktur lindern, auch mit Selbsthypnose oder durch Achtsamkeitstraining – doch das Kind muss die Mutter immer noch allein zur Welt bringen. Das erfordert Kraft und unendliche Liebe zu seinem ungeborenen Kind. Denn dieses Kind bereitet uns zuallererst Schmerzen – wir schreien den Schmerz heraus, und so manch einer Mutter fällt es hinterher schwer, dieses Kind zu lieben. Auch die Wochenbettdepression wäre hier zu nennen, die aus den Wirren der Entbindung entsteht. Unser Hormonspiegel wird ein völlig anderer, dieser wird zum Teil auf eine recht harte Probe gestellt. Wir werden depressiv und in schlimmeren Fällen – wir lehnen das Kind einfach ab.

Was können wir tun. Ruhe ich in mir, beachte ich die Achtsamkeitsregeln, so könnte ich mir jetzt sagen: Die *Liebe* hat mich (mein *Kind*) erschaffen, wie sich *selbst*.

Sie merken sicherlich wohin die Reise geht.

Wenn ich mir ein Kind wünsche, mir diesen Traum nach Fortpflanzung meiner Gene erträume, dann muss ich mir darüber Klaren sein, dass ich *mir* genau so viel Liebe geben muss wie diesem Kind, welches ich gebären werde. Eine Familie zu haben war und ist etwas sehr Wertvolles – gerade in unserer heutigen Zeit.

Doch gehen wir zurück zu der Mutter, die in den ersten Wochen nach der Geburt durchaus genauso gefordert ist, wie die neun Monate zuvor. Nicht nur, dass Hebammenbesuche anstehen, das Kind gewogen wird, verschiedene Untersuchungstermine für dieses Kind anstehen, nein, auch die Mutter muss, sollte der Damm worden sein, regelmäßig zur Kontrolle.

All das ist belastend, ob man es nun wahrhaben will oder nicht! Gerade auf der Welt, werden Mutter und Kind in den ersten Wochen einer Odyssee von Terminen ausgesetzt – kein Wunder also, dass sich die Mutter nach Ruhe und Seelenfrieden sehnt.

Schön, wenn man dann abschalten, sich selbst zurücknehmen, und einige Achtsamkeitsübungen in den unruhigen Alltag einbauen kann. Ruhig werden, gelassen werden – sich einfach Treiben lassen, in den Tag hinein leben, das wäre schon eine große Hilfe, nicht wahr?

Doch wie dahin kommen? Gedanken ziehen der Mutter durch den Kopf, ob sie alles richtig macht (Perfektion!). Sie fühlt sich nicht wohl in ihrer Haut wenn sie das Kind nicht stillen kann (Perfektionismus), wobei dies öfter vorkommt als man denkt.

Durch die Praxis der Achtsamkeit kann das Leben viel an Tiefe und Leichtigkeit gewinnen, sodass Sie mehr Ruhe und Frieden finden werden.

Versuchen Sie einmal Folgendes:
- *Atmen Sie bewusst ein und aus.*
- *Spüren Sie, wie der Atem fließender wird, wie Sie freier atmen können.*
- *Spüren Sie diesem Atem jetzt nach, indem Sie sich sagen: Ich fühle mich gelöst und frei. Ich bin ich, ich bin einzigartig.*
- *Spüren Sie Ihre Gelassenheit, Ihren Frieden mit sich selbst? Sie müssen nicht perfekt sein.*
- *Unbewusst haben Sie begonnen, Frieden mit sich selbst zu schließen.*

All das lässt sich auch in einen Alltag mit einem Säugling einbauen.

Diese Übungen dauern insgesamt vielleicht zwanzig Minuten, je nachdem, wie intensiv sie in sich hinein spüren möchten. Doch glauben Sie mir, diese Atemübungen tun unglaublich gut.

Sie sind wichtig. Sie sind einzigartig. Sie haben gerade einem Kind das Leben geschenkt. Es ist alles nicht einfach für Sie – versuchen Sie einfach einmal jemanden mit ins Boot zu nehmen (beispielsweise gibt es Helferinnen vom Deutschen Roten Kreuz, oder, sollten Sie auf dem Lande wohnen, sogenannte Dorfhelferinnen). Überwinden Sie Ihren inneren Schweinehund und holen Sie sich die Hilfe, diese steht Ihnen zu! All das hilft Ihnen den inneren Druck von sich zu nehmen – *achtsam* im Umgang mit sich selbst zu sein, *Selbstliebe* zu entwickeln.

Was ist denn schon dabei eine halbe bis Stunde pro Tag sich Hilfe zuteilwerden zu lassen um selbst ein wenig in sich zu gehen, eine offene Haltung gegenüber sich selbst zu bewahren. Sich in Achtsamkeit zu üben.

Was wäre das Gegenteil davon?

Richtig.

Sie sind nervös, Sie sind unausgeglichen, und das Kind greint – weil es natürlich die Anspannung und Unausgeglichenheit der Mutter mitbekommt. Ja, so einfach ist das alles nicht, werden Sie sich vielleicht sagen.

Doch. Es ist immer so einfach, wie man es sich selbst macht. Ihnen, als Mutter steht viel mehr zu, als Sie vielleicht denken mögen. Fragen Sie ruhig einmal Ihre Hebamme oder Ihren Arzt danach.

All diesen Menschen haben ein großes Interesse daran, der Mutter so weit als möglich die Hilfe zuteilwerden zu lassen, die sie benötigt, um den Hormonhaushalt wieder zu stabilisieren, Freude für das eigene Kind aufkommen zu lassen, und Ihnen beizustehen für die Aufgabe Ihres Lebens.

Beherzigen Sie all diese Tipps könnte es durchaus möglich sein, dass Sie alsbald wieder ihre alte Energie zurückgewinnen.

Stellen Sie sich einmal einen roten Faden vor. Dieser rote Faden ist Ihr Leben. Jetzt ist er verzerrt, fast wie ein Knäuel. Alles ist durcheinander geraten. Alles ist Chaos. Nichts ist mehr wie früher.

So ein kleiner Säugling wirbelt den Alltag ganz schön durcheinander. Oftmals werden Sie denken – du liebe Zeit, wo ist nur der Tag geblieben, die Nacht wird auch nicht viel besser sein, zumindest nicht im ersten Jahr.

Achtsamkeit in Kombination mit Ihrem roten Faden kann dazu beitragen, Ihnen die Energie zu geben, das Leben gelassener zu betrachten. Ihren inneren Faden zu entzerren – vorsichtig, mit leichter Hand und nicht brachial! Das Leben spüren – sich selbst nicht so wichtig nehmen, und dem Kind all die Liebe schenken die es verdient, das ist Achtsamkeit.

Achtsamkeit zu erlernen ist nicht so schwer, wie Sie es vielleicht annehmen. Es ist mehr ein Lebensgefühl – nur Ihr bisheriges Leben umzugestalten – das ist es, was all das zumindest erschweren könnte.

Sie müssen also trainieren. Achtsamkeit ist wie ein Muskel, der sich sehr wohl trainieren lässt. Lassen Sie sich einfach auf dieses Gefühl ein.

Diese banalen Momente, wo vielleicht das Baby schreit, gleichzeitig der Postbote klingelt oder vielleicht ihr Handy einen nervigen Klingelton ertönen lässt, all das ist Leben!

An dieser Stelle sei gesagt: Ich allein muss jetzt bestimmen, was mir persönlich wichtig ist. Mein Kind, der Postbote oder mein Handy! Sind Sie so weit gekommen, haben Sie sich mit dem Thema Achtsamkeit als Grundsatzhaltung, welche Sie als feste Konstante in ihr Leben einbauen möchten, schon auseinander gesetzt. Denn Sie haben abgewogen – vor einer Woche hätten Sie mit Sicherheit alles auf einmal erledigen wollen.

Nein!

Das geht nicht, und das dürfen Sie auch nicht zulassen. Es gibt sehr viele allein erziehende Mütter die vor einem Berg von Problemen stehen. Anträge müssen eingereicht werden etc. etc..

Präsent zu sein, um unser Leben wirklich vertieft zu leben – das muss unser Ziel sein. Daran müssen wir arbeiten, und hier setzt auch die Praxis der Achtsamkeit an. Wir haben nur zwei Hände und die sind sowieso schon den ganzen Tag in Bewegung. Die Fähigkeit zur Achtsamkeit tragen wir alle in uns – wir müssen diese nur erwecken durch:

• *Bewusste Wahrnehmung.*
• *Gegenwärtige Erfahrung.*
• *Ruhe und Zufriedenheit – ohne zu werten oder etwas zu erwarten.*
• *Akzeptieren, was ist!*

Nehmen wir diese vier Punkte bewusst wahr so werden wir feststellen, dass manches dadurch zwar auch nicht lösbarer erscheint, doch durch unsere Sichtweise, welche wir langsam verändern, werden sich diese Dinge allmählich klären.

Sagen Sie sich einfach:

- *Das sehe ich ganz entspannt.*

Geht doch! In diesem Fall ist der Weg das Ziel, und das Ziel sollte über die Achtsamkeit hin zu mehr Gelassenheit, zu mehr Seelenfrieden, hin zu der Fragmentierung führen zu hinterfragen, was wichtiger ist (siehe oben) und die Antwort sollte Ihnen sofort klar sein.

Wie nehmen Sie wahr, dass Sie lebendig sind?
Eine durchaus schwierige Frage, gehen wir davon aus, dass hier nicht nur das Muttersein besprochen wird, sondern es auch Mütter gibt, die, ist das Kind geboren, wieder zurück in Ihren Beruf wollen oder müssen. Nun?
Schauen Sie sich einmal in Ruhe diese Frage an. Fühlt sich diese für Sie falsch oder richtig an? Können Sie damit etwas anfangen oder so gar nichts.
Vielleicht spüren Sie ein kleines Kribbeln in den Fingern, vielleicht wird Ihr Bauch warm oder einfach

nur Ihre Augen aufmerksamer, vielleicht beginnen Sie auch zu leuchten.

All dies löst allein die Frage aus: *Wie nehmen Sie wahr, dass Sie lebendig sind?* Sie müssen sich nicht selbst zurücknehmen, nur weil sie ein Kind geboren haben oder in einer Wochenbett-Depression stecken. All das geht vorüber – spüren Sie einfach in sich hinein und bedenken Sie – ich (mein Mann) haben dieses Kind gewollt, ich brauche mich nicht zurückzunehmen, ich erlaube mir, mein Leben genau so weiterzuführen, wie ich es früher getan habe.

Wie fühlt sich der Gedanke an, wenn Sie sich erlauben Ihre Präsenz über die des Kindes zu stellen. Hier zu Hause zu sein, ganz bei sich?

Es müsste Sie wesentlich gelöster, entspannter, und Punkt für Punkt gelassener machen – und das wiederum kommt ihrem Säugling zu Gute, denn nichts ist schlimmer für diesen kleinen Erdenbürger als eine nervöse, unausgeglichene Mutter die zudem noch hundert Prozent geben möchte.

Das schaffen Sie nicht – und das müssen Sie auch nicht! Machen Sie sich das bitte immer wieder bewusst.

Sie können durch das Achtsamkeitstraining sehr wohl intensiver leben, setzen Sie all die kleinen Schritte die wir soeben besprochen haben um. Zum Wohle Ihres Kindes und für sich selbst.

Affirmation: Still werden

Wie oft sind wir in Eile. Dabei verlieren wir uns aus den Augen. Was fühlen wir? Mutig werden, bewusster werden. Manchmal erfordert es eben diesen Mut, einfach wir selbst zu sein.

Wie fühlt sich diese Affirmation für Sie an?

Sie haben Großes vollbracht, Sie haben einem Kind das Leben geschenkt, Ihre Gefühle spielen verrückt, Sie lehnen das Kind vielleicht ab – Wochen später mögen Sie es gar nicht wieder hergeben. Sie sind überfordert, sie fühlen sich ausgepowert, Sie sind nervlich am Ende?

Bedenken Sie eines? Ihr rotes Band hat zehn Monate eine Berg- und Talfahrt hinter sich gebracht. Manchmal war es glatt wie ein Bergsee, oftmals verzerrt und manchmal wusste selbst Ihr rotes Band nicht mehr, wie es sich entwirren sollte. Und da sollen Sie sofort wissen, was da alles mit Ihnen passiert?
Nehmen Sie den Druck von sich. Gehen Sie achtsam mit sich um, öffnen Sie sich gegenüber der Achtsamkeit. Eine gewisse Leichtigkeit wird Ihnen zuteilwerden. Sie werden Gefühle zulassen, die Sie bis dato nicht zulassen wollten oder konnten.
Vielleicht weinen Sie, weil es Sie gerade übermannt, dass Sie endlich jemand versteht. Vielleicht lachen Sie weil Sie bemerken, wie schwer Sie es sich selbst gemacht haben. Alles ist möglich.

Jeden Morgen einen Achtsamkeitsspaziergang unternehmen – Sehen, hören, riechen – den eigenen Atem spüren. Nehmen Sie den Kinderwagen und spazieren Sie los – gewiss gibt es in Ihrer Stadt oder ihrem Dorf einen Sehnsuchtsort den Sie gerne aufsuchen. Dann nichts wie los.

Wir haben bis jetzt über das Mutter-Werden und das Muttersein gesprochen sowie darüber, wie man Achtsamkeit, Gelassenheit und Seelenfrieden erzielt. Nun würde ich gern einen Ball in die Runde schmeißen, und dieser Ball zerdrückt alles, was wir bis dato besprochen haben. Er macht Sie plötzlich wieder angreifbar. Sie reagieren nervös, gereizt. Leere, Einsamkeit und ein tiefes Loch tun sich auf – Überforderung setzt ein.

Was tun Sie?

Anders als zuvor, würden Sie sich vielleicht darüber wundern, dass Sie einmal so aufgebracht reagiert haben, doch Achtung! – Achtsamkeit kann nicht alles ausgleichen.

Es verhält sich wie bei einer Wanderung, welche auf einem schmalen Grad entlangführt: Unsere Probleme, Schwierigkeiten und Gedanken sind nicht zu ignorieren, aber wir gehen auch nicht mehr an Ihnen unter – wir arbeiten sie auf.
Wir müssen nur lernen diese Berührung mit dem Vergangenen zuzulassen und danach loszulassen, dann werden wir uns wundern, was wir bereits geschafft haben.

Bevor wir das Kapitel *Frau/Kind, Achtsamkeit* verlassen, möchte ich mit Ihnen noch einen kleinen Exkurs vornehmen:

Stellen Sie sich dazu folgende Situation vor:
Der Vater eines Kindes, welches stundenlang schreit und nachts auch nicht zur Ruhe kommt, erbost sich mit folgenden Worten über diese Schreianfälle: »Wieso habe ausgerechnet ich so ein Schreikind bekommen!«
Tja, warum …

Das Leben ist leider kein Wunschkonzert. Doch wie geht es dem Kind und der Mutter bei diesen Worten, die Anklage und Unzufriedenheit beinhalten?

Das Kind bekommt, so klein und zart wie es ist, diese bewusste Ablehnung sehr wohl mit. Die Mutter quälen Versagensängste (sie hat ihrem Mann nicht die Tochter geschenkt, die er gern gehabt hätte). Hieraus baut sich ein ganzer Komplex von Problemen und Spannungsgefühlen auf, und das Baby schreit munter weiter.

Lassen Sie mich die Sache abkürzen: Dieses Kind ist mittlerweile zwei Jahre alt – immer noch ein Schreikind, es ist hibbelig, die Mutter muss es teilweise am Boden füttern, weil sich dieses Kind weigert bei Tisch im Stühlchen zu sitzen, um zehn Uhr abends fahren die Eltern es mit der Karre spazieren, dass es den Schlaf findet, welchen es braucht. Tagsüber schläft dieses Kind nicht.

Entsetzen. Völlige Ratlosigkeit wäre das, was man daraus folgert. Doch so einfach ist es nicht. Die Eltern lehnen zumindest Ritalin oder sonstige Mittel für das Kind ab – doch entspannen kann sich das Kind auch nicht. In dauernder Alarmbereitschaft zu sein, es den Eltern Recht zu machen, ist aus einem einst fröhlichen Kleinkind ein Kind mit traurigem Herzen geworden.

Anstatt sich psychologische Hilfe zu holen, versucht dieses Elternpaar alles Mögliche, um dieses Kind in den Griff zu bekommen – bisher ohne Erfolg. Achtsamkeit wäre hier eine wertvolle Alternative, wenn ansonsten keine weitere Hilfe gewünscht ist.

Loslassen alter Gefühle, das Kind so annehmen wie es ist, im Jetzt und nicht in dem was wahr leben, wäre eine Möglichkeit sich dem Kind zu nähern und eine gewisse Konsequenz an den Tag zu legen, ohne Druck aufzubauen.

Das wäre eine Maßnahme, die vielleicht helfen könnte dem Kind nicht schon in diesem frühen Spektrum seines Lebens den Lebensmut beziehungsweise die Lebensfreude zu nehmen.

Fatale Situation mit fatalen Folgen.

Wie Sie sehen, liebe Leserinnen und Leser, ist alles im Leben aus dem Blickwinkel der Achtsamkeit betrachtet oftmals zwar nicht einfacher – doch vieles sehen wir gelassener. Wir lassen etwas zu, was für uns früher unmöglich war. Wir leben im Hier und jetzt und so könnte sich der Vater des Kindes als Folge von Achtsamkeitsübungen sagen: »Gut, ich habe nun mal ein Schreikind. Wir sollten dem Kind das geben, was es am meisten braucht: Liebe, Güte und ein Leben ohne Stress! Danach sollte diese Familie streben und das relativ zeitnah.

Affirmation: Möge die Liebe in dir dein Denken bestimmen.

Doch nun wenden wir uns einem Kapitel zu, das nicht weniger spannend ist: Dem Alter. Was glauben Sie wie viele »junge Alte« es gibt, die in ein tiefes Loch fallen wenn sie auf einmal ohne Vorwarnung in die Rente geschickt werden. Aber lesen Sie selbst ...

Achtsamkeit im Alter – was tun, wenn wir nichts mehr tun?

Best Ager, Golden Girls, die jungen Alten, die 70 ist die neue 50 – und so weiter und so fort.

Wie werden die »neuen Alten« nicht noch betitelt, respektive wie verhält sich unsere Gesellschaft zu diesen Menschen, die viele Jahre lang im Arbeitsleben gestanden haben – manche mit sehr viel Enthusiasmus, manche vielleicht mit einer anderen Sichtweise.

Fakt bleibt, dass diese »jungen Alten« über vierzig Jahre im Berufsleben gestanden haben. In den letzten Jahren ging auch an dieser Klientel der zunehmende Stress, der zunehmende Druck im Arbeitsleben nicht vorbei.

Das Thema Ruhestand ist bei diesen Menschen vielleicht noch gar angekommen und doch rückt dieser unaufhaltsam näher. Und dann ist er plötzlich da, der Tag, an dem man das letzte Mal zur Arbeit gehen durfte, gehen konnte oder gehen musste – je nach Auslegung der eigenen Priorität welche man selbst von seinem Berufsleben hatte.

Man hat diesen Tag erwartet, ja vielleicht sogar herbeigesehnt – doch so plötzlich ... für viele Menschen immer noch ein Schock.

Reizwörter wie: Ausschlafen, Tun und Lassen können was man will, keinen Erfolgsdruck mehr zu haben, endlich mehr Freizeit genießen zu können – all das wird plötzlich zu einem Eigentor, welches man vermeintlich geschossen hat. Auch die dritte Lebenshälfte (nennen wir Sie für dieses Buch einmal so) will geplant sein – will *gelebt* werden.

Doch auch dazu bedarf es der Planung, genauso wie Sie vielleicht früher einmal Ihre Ausbildung und Ihren späteren Beruf geplant haben. Es mutet vielleicht merkwürdig an dass das Rentenalter *geplant* werden sollte, doch Sie werden in ein tiefes Loch fallen, wenn Sie diesem Ratschlag keine Aufmerksamkeit schenken. Nicht umsonst engagieren sich Rentner und Rentnerinnen ehrenamtlich oder arbeiten noch ein bis zwei Stunden am Tag damit Sie eine Aufgabe haben.

Nehmen Sie doch nur einmal folgendes Beispiele:

- *Mussten Sie sich jemals Sorgen darum machen, wie Sie Ihren Tag gestalten?*
Nein.

- *Mussten Sie sich jemals Sorgen darüber machen, wie Sie Ihre Arbeit schafften.*
Wahrscheinlich schon eher.

- *Mussten Sie sich jemals Sorgen darüber machen, wie Sie Ihren Tag gestalten sollten, damit Ihnen nicht langweilig wird?*
Nein.

Jetzt müssen Sie sich mit Part drei befassen. Denn nichts mutet diffuser, ja angstvoller an, von einem auf den anderen Tag völlig unvorbereitet in einen neuen Lebensabschnitt geschickt zu werden.
Schlagwörter wie: »Nun ist er endlich da, der Ruhestand«, beunruhigen Sie eher, als dass diese Aussage erbaulich auf Sie wirkt; Lebenserwartung,

Alter, all das wollen Sie nicht wirklich hören und hier kommt wiederum die Achtsamkeit ins Spiel.

Nun ist es an der Zeit, sich in *aller Ruhe* mit dieser Thematik auseinander zu setzen. Beginnen Sie in aller Ruhe zu überdenken, was für Sie in Ihrem neuen Lebensabschnitt von Wichtigkeit sein könnte (Ehrenämter, Hobbys pflegen, sehr wohl auch den Computer einbinden), oder wie Sie mit ganz profanen Mitteln fit bleiben – zum Beispiel sich vielleicht einen Hund zulegen, mit welchem Sie täglich lange Spaziergänge unternehmen können. Oder sich beispielsweise einem Hundeverein anzuschließen. Vielleicht denken Sie einmal darüber nach. Einmal richtig darüber nachgedacht, findet man oftmals eher eine Lösung. Es braucht eben Zeit, Zeit zu analysieren womit ich meinen Tag ausfüllen möchte, damit mir die verbleibende Lebenszeit Sinn und Erfüllung schenkt.
Alles basiert auf Achtsamkeit – Freiheiten zulassen, selbst bestimmen, aber sich auch mit der oben genannten Fragestellung beschäftigen.

Wie kann ich meinen Tag gezielt ausfüllen? All dies, und dazu raten nicht wenige Mediatoren sowie Beratungsstellen, sollten Sie idealerweise klären, wenn Sie noch im Berufsleben stehen, denn dann ist das tiefe Loch in welches Sie fallen, gar nicht mehr so tief. Wenn Sie sich der Lehre der Achtsamkeit nach im Hier und Jetzt befinden, dann herzlichen Glückwunsch.

Doch es gibt nicht wenige Menschen, die mit dem Wort Achtsamkeit gar nicht so viel anfangen können. Sie sind weiterhin in ihre Gedanken verstrickt, der Autopilot ist immer noch auf Arbeit eingestellt, Sie versuchen *krampfhaft* sich irgendwie zu beschäftigen, was dann natürlich oft misslingt. Alles was mit Krampf, krampfartig, krampfhaft zu tun hat, ist wie Ballast den es gilt, aus seinem Leben zu verbannen.

Kommen wir nun zu der These, dass die heutigen Best Ager als alles bezeichnet werden – nur nicht als das, was Sie dem Alter nach nun einmal sind. Sie sind älter – um nicht zu sagen alt. Warum scheuen wir uns eigentlich dermaßen, diese Dinge beim Namen zu nennen! Denkprozesse werden und können nicht mehr so schnell aufgenommen werden – was früher fünf Minuten dauerte, dauert heute eben fünfzehn Minuten.

Warum will eigentlich niemand einsehen, dass *Alt-Werden* ein Teil unserer Gesellschaftspolitik darstellt und wenig mit Abgrenzung oder gar Diskriminierung zu tun hat? Je mehr die Politik oder auch die »Alten« selbst sich über dieses Thema ergehen, desto schlimmer wird doch erst das Ansinnen aus Menschen, welche ihr Arbeitsleben großenteils in Würde und mit viel Elan hinter sich gebracht haben, ihren wohlverdienten Ruhestand zu missgönnen.

Da ist von Schmarotzern die Rede, die unserer Jugend all das nimmt was die jetzige Altersschicht noch genießen darf. Die älteren Menschen fühlen sich zuweilen schuldig, was völliger Unsinn ist. Ist es denn wirklich so enervierend, dass diese Altersgruppe heute vitaler, gebildeter und finanziell abgesicherter ist als vielleicht deren Eltern?

Ich kann dem nicht folgen.

Auch die »jungen Alten« möchten dazugehören, aus eigenem Antrieb wohlgemerkt – doch einem Diktat zu unterliegen (da haben wir wieder die Herde, welcher wir folgen sollen) das möchte diese Altersgruppe auch nicht.

Eine gewisse Selbstbestimmtheit sollte schon an den Tag gelegt werden. Gönnen wir doch den älteren Menschen die Ruhe und Zufriedenheit; ein selbstbestimmtes Altern und eine bewusste Wahrnehmung mit einer Haltung hin zu dem, was sich jeder Einzelne individuell wünschen kann und sollte.

Das Achtsamkeitstraining kann hier Einiges dazu beitragen, gestärkt und für sich genommen neue Wege zu suchen – allerdings mit allem gebührenden Respekt vor dem Alter und dem neuen Lebensabschnitt. Immerhin haben diese Menschen ihren Alltag auch ohne Vorgaben gemeistert.

Stellen wir uns doch einmal folgende Situation vor:

Wir, die arbeitende Bevölkerung rebelliert gegen die Älteren, begehrt auf (oftmals schon der Fall) und attackiert verbal. Wie würden wir uns selbst dabei fühlen, würden wir so attackiert?

Ja wissen wir denn eigentlich nicht mehr, was diese Menschen geleistet haben. Sie haben doch auch gearbeitet und nun fallen Sie aus jeglichem Raster. Sie sind irgendwie nicht mehr existent. Doch diese Menschen haben noch so viel vor: Sie möchten Ihren Söhnen und Töchtern beistehen, Ihnen bei der Pflege der Enkelkinder helfen und mit eben diesen spazieren gehen – eben Freude schenken. Machen wir uns nicht vor: Wir brauchen unsere Altvordern oftmals dringender, als wir es uns eingestehen wollen. Wie oft springen denn Oma und Opa ein, wenn wir Jungen einmal ins Konzert oder aber zur Arbeit müssen. Sehen Sie!

Letztens sagte ein Mann, Mitte 60 in einer Straßenbahn zu seinem Gegenüber der ebenfalls das Alter hatte: *Wir sind irgendwie unsichtbar geworden; bei Befragungen fallen wir aus dem*

Raster, wir werden angepöbelt und wir werden oftmals gern übersehen. Dieser Mann hat Recht.

Affirmation: Jeder Mensch, jeden Alters hat es verdient mit Respekt, Würde und Höflichkeit behandelt zu werden.

Exkurs:
Gehen wir das Thema Achtsamkeit einmal anders an:

Was verbindet uns mit der Achtsamkeit?
Natürlich schwingt da die Wortkombination *Auf mich/auf etwas Acht* geben, mit. Achtsamkeit stellt sich als Akt dar, als Akt der Achtsamkeit. Dieser kann durch das Versinken in uns selbst entstehen. Wir werden gelassener, entspannter, wir lassen los, werden wertfrei.
Oder sehen Sie es ganz anders?

Sehen Sie vielleicht einen Mönch mit kahl geschorenem Kopf vor sich, welcher in Demut und in fast schon meditativer Langsamkeit seinen Tee trinkt. Ist das nicht auch Achtsamkeit? Oder verbinden Sie den Begriff mit mystischen Fragmenten, Irrlichtern oder profanen Dingen, wie etwa die Anbetung einer anderen Gottheit?

So unterschiedlich wie die Achtsamkeit ausgelegt wird, so unterschiedlich ist oftmals die Konzentration auf sie. Wichtig dabei ist nur eines:

• *Kommen Sie zur Ruhe.*
• *Versuchen Sie, Ihre eigenen Emotionen selbst besser zu regulieren.*
• *Atmen Sie bewusst Ein und wieder Aus.*
• *Hören Sie den Klängen der Natur zu – mit all Ihren Sinnen.*
• *Hören Sie, wie ein Vogel sein Lied singt – wertfrei mit geschlossenen Augen.*
• *Versuchen Sie in diesen Momenten alle negierenden Gedanken loszulassen.*

Viele Wege führen hin zu Achtsamkeit und deren Untergruppierungen wie Selbstliebe, Stärke zeigen, positives Denken und vor allem dem Loslassen.

Ein intensives Erleben wird möglich durch Achtsamkeit.

Wir alle sollten, wenn wir Achtsamkeit praktizieren möchten versuchen, eine »offene Weite« zu erkennen. All das loszulassen, was uns grämt und welches wir sowieso nicht beeinflussen können. Unsere Seele entrümpeln.

Eine bewusste Wahrnehmung der Dinge, ob nun mit geschlossenen Augen oder verinnerlicht als gezieltes Ein- und Ausatmen. Achtsam sein ermöglicht uns hellwach zu sein, und die Dinge so zu sehen wie sie sich uns darstellen.

Dieser kleine Exkurs lag mir am Herzen, um Ihnen zu deutlich werden zu lassen, wie Sie mit Achtsamkeit umgehen. Sorgen, Stress und Selbstzweifel loslassen und das Selbstwertgefühl stärken.

Doch wenden wir uns nun wieder dem Thema Alter – unsere Altvordern – zu, und besprechen das Thema *Angenommen werden*.

Ältere Menschen sind oftmals allein auf sich gestellt. Weiter oben habe ich bereits ausgeführt wie es sein könnte, doch beileibe gestaltet sich dieser Ruhestand nicht immer so. Bei vielen hapert es am Geld, andere sind mit Krankheit geschlagen, andere wiederum sind dement oder leiden unter Alzheimer.

Ein Umdenken ist gefordert. Achtsam sein ist eine Reise zu sich selbst. Alles hat seine Zeit – so auch das Alter.

Wer achtsam mit sich selbst umgeht, wird diesen Lebensabschnitt mit anderen Augen sehen, als Menschen die sich treiben lassen und die Jahre vergehen und vergehen …

Alleinsein kann auch stark machen, ob Sie es glauben oder nicht. Es wird Zeiten geben da uns das Alleinsein Kummer bereitet. Doch überlegen Sie einmal wie wunderschön es ist, an einem Bach zu sitzen der ruhig und friedlich dahinplätschert, und den wir auf seinem Weg hin zu neuen Ufern begleiten. Da würden doch Geräusche nur stören. Wir gehen gestärkt aus diesem Alleinsein hervor – weil wir achtsam waren und wertfrei.

Affirmation: Das wahre Leben geschieht im Jetzt.

Wollen wir ein achtsamer Gestalter unseres Lebens bleiben, so sollten wir Krisen und Probleme nicht unbedingt als Bremse sehen, sondern als Herausforderung und Wachstumschance. Wir sollten lernen auch hieraus Kraft zu schöpfen, gerade im Alter, brauchen wir oftmals sehr viel Kraft. Mit Liebe und Achtsamkeit sind wir etlichen Dingen gewachsen und erkennen unseren eigenen Weg, welchen wir beschreiten sollten. So können wir mit Geduld, Ehrlichkeit und Klarheit stetig wachsen und gedeihen.
Das ist dass Ziel der Achtsamkeit. Selbsterkenntnis ist nicht so spirituell wie sich der Begriff vielleicht anhören mag, es ist nur ein Umdenken hin zu dem,

welches vielleicht derzeitig in uns herrscht. Wir sollten dies erkennen und hinterfragen.

Nun wenden wir uns einem ganz anderen Kapitel dieses Buches zu, unserem Inneren Kind.

Unser Inneres Kind wird uns leiten

Was hat unser Thema Achtsamkeit *mit dem des Inneren Kindes zu tun*, werden Sie sich vielleicht fragen, und ich sage Ihnen – viel, sogar sehr viel. Unser Inneres Kind verzeiht, es hört uns in all unseren Lebenskrisen zu, gibt uns weise Ratschläge und ist dabei völlig loyal.

Unser Inneres Kind schützt uns vor Fehlentscheidungen, schützt uns in Krisensituationen und ob Jung oder Alt, unser Inneres Kind vergibt uns immer. Es nimmt Kränkungen anders auf als wir – seine Botschaft ist eine andere, als wir sie interpretieren würden. Das

Innere Kind in uns schützt und behütet uns. Wachend hält es seine Hand über uns.

Wir sollten nicht den Fehler begehen, dies zu belächeln. Wie viele Male haben Sie in Ihrem Leben vor einem Problem gestanden, dessen Lösung nicht ganz einfach, ja fast unmöglich schien. Spürten Sie da nicht eine gewisse Kraft in sich die Sie willensstärker werden ließ, ihr Herz entbrannte, und sie dieses fatale Problem aus einer völlig anderen Sichtweise sahen?

Unser Inneres Kind will nie etwas Böses. Es will uns be*schützen*, es bremst uns aus wenn wir uns überlasten. Es stärkt unser Selbstbewusstsein, unser Selbstvertrauen gerade, immer dann, wenn wir uns in einer Sinnkrise befinden.

Achten Sie gut auf sich. Sie werden an sich selbst wachsen, werden Ihre Aufgaben und Sehnsüchte anders meistern als die Menschen, die dem Thema Achtsamkeit und den damit verbundenen Einsichten keine Relevanz einräumen. Es mag vielleicht irritieren, wenn wir jetzt auch noch vom Loslassen reden, doch all das hängt unweigerlich zusammen.

Wir müssen, bevor wir uns in Achtsamkeit üben, unseren alten Ballast, unsere Sorgen und die damit verbundenen Nöte und diffusen Gedanken loslassen, uns davon befreien, damit wir unserem Inneren Kind zuhören können, welches darauf wartet, uns weise Ratschläge erteilen zu können.

Sind wir jedoch beladen mit altem Gerümpel – Dreck, welcher seit Jahren unsere Seele daran hindert ein liebevolles Miteinander aufzubauen, dann fällt es unserem Inneren Kind schwer, uns zu helfen.

Loslassen bedeutet ja, uns einzugestehen, dass wir im Grunde machtlos sind gegen Blockaden, und dass es nicht in unserer Hand liegt, wohin die Dinge sich entwickeln. Wir folgen dem Weg unseres Lebens und wir werden irgendwann bemerken: Egal was wir auch tun, es kommt immer anders, als wir es uns vorgestellt haben.

Nicht umsonst heißt es: »Der Mensch denkt, Gott lenkt.«

Hierin ist sehr viel Wahres enthalten, deshalb machen Sie es sich nicht schwerer, als Sie müssen. Urvertrauen in Ihr Unterbewusstsein, zu ihrem Inneren Kind, zu mehr Achtsamkeit in Ihrem Leben, wird die Suche nach Gelassenheit, Selbstliebe und positivem Denken einer Ratio unterziehen. Sie werden verstehen, dass dies ein gangbarer Weg ist. Wir dürfen Loslassen, uns das Recht zugestehen, das wir ein Mensch mit Stärken und Schwächen sind. Uns einzugestehen, dass wir oftmals machtlos und fassungslos vor etwas stehen, und es doch nicht ändern können.

Die Bewusstwerdung dieser Komplexität befreit uns im Übrigen auch von anderen »Bremsern« in unserem Leben: *Ängste* wären da an erster Stelle zu nennen.

Wer von sich sagt, er habe in seinem Leben noch nicht ein einziges Mal Angst gehabt, ist entweder ein Roboter oder ein Lebewesen welches sich nicht artikulieren kann. Diese Unruhe in uns, diese Gehetztheit und allgegenwärtige Unzufriedenheit ist doch Ängstlichkeit (zu versagen), unser Inneres

Kind beschützt, heilt und die Achtsamkeit wird helfen, dass wir uns in dieses Thema hinein vertiefen und durch gezielte Achtsamkeitsübungen das auslöschen was versucht, uns unser Leben zu verdrießen.

Wir können einiges tun, um uns gesünder, wohler, selbstbewusster zu fühlen – doch in erster Linie sollten wir uns darüber klar werden, dass wir uns im Hier und Jetzt befinden und nicht irgendwo in der Vergangenheit.

Vergangenheit ist vergessen, Zukunft ist morgen, im Jetzt lebe ich.

Unser Inneres Kind wird uns diese Einsicht danken, denn dann kann es mit uns arbeiten, kann uns diese Denkanstöße vermitteln oder aber unserem Unterbewusstsein positive Gedanken senden, die wir dann wiederum umsetzen können in Glücksgefühle und einem Leben ohne Belastungen, Kummer und Sorgen.

Probieren Sie einmal eine kleine Übung aus, die ich Ihnen gern ans Herz legen möchte:

- *Sich selbst spüren*

Wenn Sie wollen, stellen Sie sich doch einmal einen Augenblick aufrecht hin, schließen vielleicht die Augen und kommen mit Ihrer Aufmerksamkeit nach innen, in Ihren Körper.

Nehmen Sie ein paar Atemzüge. Spüren Sie Ihre Fußsohlen ganz fest auf dem Boden, spüren Sie hinein in ihren Körper, der beweglich und lebendig ist.

Wie fühlt sich das an für Sie?

Ich denke, Sie spüren Folgendes: Die Anspannung, welche in Ihnen war, wird abbröckeln wie eine alte Mauer. Sie werden sich erden und Sie werden verstehen warum Sie sich selbst spüren sollten. Mit diesen Übungen kann man sich selbst erfassen und sich sagen: Hier bin ich innerlich zu Hause.

Alles kommt und fließt aus mir, so würde es unser Inneres Kind betiteln. Zur Ruhe kommen, raus aus diesem immer währenden Gedankenkarrussell, hin zu mehr Gelassenheit – dies muss unser Ziel sein.

Die Erwartungshaltung, endlich eine ultimative Lösung unserer Probleme zu finden, kann durch die Achtsamkeitspraxis überwunden werden. Wertschätzung, Geduld, Offenheit – aber auch Mitgefühl, Sorge um andere Menschen, werden für uns zu ständigen Begleitern.

Wir bewerten nicht mehr, wir analysieren – wir gehen in uns und werden ein Teil unseres Körpers.

Unser Inneres Kind wird uns auch auf dem Weg zu mehr Gelassenheit, zu mehr Achtsamkeit anleiten, wenn wir dies denn zulassen.

Es ist überaus befreiend Eigenverantwortung zu übernehmen, regelmäßig in sich hineinzuspüren und sich bewusst zu machen, was wir denken und fühlen. So haben wir eine wirkliche Chance über die Selbsterkenntnis etwas zu bewirken.

Versuchen wir doch einmal herausfinden, ob wir achtsam sind, hier spricht ein mehrfach genanntes Ja dafür, dass Sie bereits aufmerksam agieren:

- *Ich spüre in meinen Körper hinein, bei Tätigkeiten wie z. B. Reden, Kochen oder Putzen.*
- *Ich erlebe mich gelassener und ruhiger, selbst wenn mich Unruhe plagt habe ich diese unter Kontrolle.*
- *Ich bemerke, dass ich mich nicht mehr so schnell über alles aufregen muss; das tut mir außerordentlich gut.*
- *Ich lasse meine Gedanken ziehen, ohne mich selbst mit diesen zu identifizieren.*
- *In schwierigen Situationen kann ich mich zurücknehmen.*

Wenn Sie von diesen Fragen einige Wenige mit Ja beantwortet haben, sind Sie auf einem guten Weg. Dann haben Sie bereits begonnen sich mit Ihrem Körper, der Achtsamkeit und ihrem Inneren Kind zu befassen um sich selbst aus manch einer Stresssituation herauszukatapultieren.

Manchmal ist es schwierig, manchmal leichter, sein persönliches Leben zu leben – ändern Sie Ihre Sichtweise, wenn Sie derzeitig mit Ihrem Leben unzufrieden sind. Achtsamkeit wird Ihnen helfen, negierende Gedanken ziehen zu lassen, sich wieder am Leben zu erfreuen und sich rundum glücklich zu fühlen.

Nun möchte ich Ihnen gern einen Satz vorstellen, der da heißt … »Ja, aber …«. Vielleicht ahnen Sie es schon, das *aber* sollte aus unserem Wortschatz verschwinden. Doch eines nach dem anderen.

»Ja, aber …«

Dieser Satz, interpretieren wir ihn richtig, hat eine enorme Aussagekraft auch in Bezug auf die Achtsamkeit.

Wie oft sagen wir: »Ja, das kann man so oder so machen ... aber ... *Stopp!*

Dieses *Aber* müssen wir aus unseren Köpfen bekommen. Eigentlich gibt es kein *Aber in* der Achtsamkeit, doch wir benutzen dieses Wort so gern, damit wir uns nicht festzulegen brauchen damit wir nicht endgültig unsere Meinung festlegen oder vielleicht einen Kauf, den wir gerade tätigen »absegnen« müssen.

Wenn Sie solche Wortkombinationen kennen und für sich anwenden, befinden Sie sich in allzu guter Gesellschaft, denn sehr viele Menschen benutzen dieses: »Ja, ... aber«.

Nicht umsonst beschäftigen wir uns auch in diesem Buch damit.

»Ja ... aber«, wird gern angewandt, wenn wir zum Beispiel eine Verabredung die uns so gar nicht passt, ablehnen möchten, oder einen Geschäftstermin, der uns so gar nicht in das System passt. Schön, wenn es dann dieses *aber* gibt. Vielleicht, *ja ... aber*, oder auch ich *muss mal sehen* ...sind wunderbare Interpretationen, wenn wir uns aus unschönen Situation erst einmal heraus lavieren möchten.

Doch das ist falsch!

Entweder Sie antworten mit einem klaren *Ja* oder mit einem *Nein*! Dazwischen gibt es nichts, außer Ihre eigene Abneigung gegen den Termin X. Bleiben wir in diesem Moment bei uns selbst, also achtsam, wird uns dieses »Ja ... aber«, nicht so viel anhaben können – denn wir beziehen ja bereits Position zu uns und unseren Auffassungen an das Leben. Wir treten einen Schritt kürzer, wir ruhen in uns ... wir sind achtsam!

Doch worum geht es hierbei, bei diesem Kapitel: Es geht darum, eine Position zu beziehen – und zwar eine klare Position. Dies allerdings trauen sich wenige Menschen zu. Lieber schieben sie ein »Ja ... aber« hinein, bevor sie Farbe bekennen müssen. Natürlich ist dies nur ein Verschieben auf Morgen, Übermorgen oder wann auch immer. Mit-sich-Hadern verursacht zudem schlechte Gefühle in uns, da wir auch übermorgen noch vor diesem Problem stehen, welches wir mit unserem schwammigen »Ja … aber«, selbst produziert haben.

Ist es nicht oftmals von Vorteil, sofort Position zu beziehen und zu sagen: »Du, ich habe da grade überhaupt keine Lust zu …«

Fühlt sich das nicht viel besser an? Und noch eines passiert: *Wir sind diesen Druck los*, uns wieder und wieder irgendeine Ausrede einfallen zu lassen. Denn »Ja … aber«, kann auch negativ wirken, oftmals zieht sich diese Ausrede wie ein Gummiband – jeder Ausrede oder jeder Ausflucht folgt eine Neue.

Mittlerweile haben wir uns dazu vielleicht Folgendes verinnerlicht: Durch Achtsamkeit(training) kommen wir weiter. Wir versuchen vorurteilsfrei zu handeln, sind offenherzig und können unsere Gedanken loslassen.

Warum jedoch tun sich dann die Menschen so schwer damit, gezielt Position zu beziehen, sich zu öffnen – auch bei schwerwiegenden Entscheidungen?

Weil sie Angst haben.
Es mögen unterschiedliche Gründe sein, warum dem so ist, doch wir Menschen neigen dazu, uns gern vor etwas zu »drücken«, mögen unserem Gegenüber dies nicht ins Gesicht sagen. Prompt schieben wir dieses wunderbar unschuldige »Ja …aber« ein. Es verschafft uns Luft, und wir sind für den Moment aller Sorgen entledigt.
Doch die Sorgen werden wieder kommen (s. oben). Derzeitig liegen Sie nur auf Eis – doch auch Eis schmilzt einmal, das müssen wir uns bewusst machen. Vielleicht bekommen Sie nun eine andere Sichtweise zu diesem ausdrucksstarken Satz, den wir alle schon einmal benutzt haben. Genau verhält es sich im Prinzip ja mit »Notlügen«, »Ausflüchten« oder dem »Hinauszögern«. All diese Wörter und Wortkombinationen definieren sich im Grunde genommen über das »Ja … aber«, wie so vieles im Leben ist es nur eine andere Ausdrucksform dessen.

Dinge, welche wir aus dem Bauch heraus sagen sind oftmals genau die richtigen, denn so kurios es sich anhört: *Unser Bauch ist wertfrei, genau wie die Achtsamkeit.* Beides zusammen wäre der goldene Weg, doch soweit möchte ich noch gar nicht gehen. Was können wir also tun, um dieses »Ja ... aber«, aus unserem Kopf zu bekommen.

- *Wir müssen klar Position beziehen.*
- *Wir müssen uns trauen, unserem Gegenüber in klaren Worten mitzuteilen, warum wir gerade jetzt sein Angebot nicht annehmen können.*
- *Wir müssen versuchen uns bewusst zu machen, dass es für uns kein Aber mehr geben kann.*
- *Durch Achtsamkeit lernen wir, in uns selbst zu ruhen und somit eine Hürde die sich uns in den Weg stellt, aus dem Bauch heraus zu meistern.*

Bin ich mit meiner Welt und mir *selbst* im Reinen, kann ich den Ballast der mich belastet abwerfen wie einen dicken, schweren Mantel. Ich ruhe in mir selbst, also brauche ich diesen dicken, schweren

Mantel nicht mehr. Er ist nur noch Ballast welcher mich daran hindert, Problemlösungen zu erarbeiten. Ich werde frei sein, mich sofort äußern – auch wenn dies für mein Gegenüber oder für mich vielleicht unangenehm ist.

Ich hinterfrage: »Wird es denn einfacher, wenn ich diesen Ballast ein paar Tage, ein paar Wochen vor mir herschiebe?«

Mitnichten.

Es drückt mir auf den Magen, es drückt mir auf's Gemüt, meiner Seele tut es schon gar nicht gut.

De facto: Das Kapitel *»Ja ... aber«* verwebt sich auf eine sehr enge Art mit der Achtsamkeit. Wir müssen uns so oder so Platz verschaffen damit wir uns selbst finden, neu *er*finden. Hierbei spielt die Eigenverantwortung ebenfalls eine große Rolle.

Affirmation: Eigenverantwortung schafft Freiheit in Seele und Geist.

Warum nur fällt es uns allen so schwer, gerade heraus Position zu beziehen? Es ist wirklich nicht einfach, diese Frage zu beantworten – doch eines müssten Sie aus diesem Kapitel mitgenommen haben. Es ist besser sich sofort alles von der Seele zu reden denn Herauszögen hat noch keinem geholfen. Seien Sie mutig – dann überwinden Sie auch diese Hürde. Jemand, der in sich ruht, der stark und frei ist, kann sehr wohl frei sprechen, ohne negierend zu wirken.

Kann *Ja* sagen, wenn er es auch so meint, und kein schwammiges *»Ja …aber«*. Diese Wortkombination macht uns schwach und angreifbar.

Wenden wir uns nun einem ganz anderen Thema zu, welches ebenso spannend, ja geradezu anregt, eine Diskussion hervorzurufen.

In dir selbst liegt die Kraft, dich zu ändern … glaube an dich!

In dir selbst liegt die Kraft!

Lassen Sie diesen Satz, diese These ruhig einen Moment sacken, bevor wir weiter gehen.

Fühlt sich dieser Satz richtig für Sie an oder denken Sie eher – es fühlt sich nicht so gut für Sie an?

Sich zu ändern – an sich glauben, vor allem, den Glauben an sich selbst nie aufzugeben ist Achtsamkeit. Wir sollten nie unser *Inneres Selbst* verlieren, wir müssen uns in gewisser Weise selbst beschützen. Wege suchen, damit wir die vielen Konfliktsituationen in denen wir im Laufe unseres Lebens geraten mit Bravour meistern und uns eben nicht vor anderen zu verstecken brauchen, oder vielleicht einen *imaginären Gehstock* zur Hilfe nehmen müssen, damit wir das Leben meistern.

In dir selbst liegt die Kraft.

Wir müssen es zulassen, dass wir diesen Satz nie vergessen, beziehungsweise ihn dann abrufen, wenn wir ihn benötigen. Das kann schon dann der Fall sein, wenn wir bei einer Behörde ein Formular ausfüllen müssen. Oftmals ein Fall für sich – mit restloser Überforderung seitens desjenigen der das Formular ausfüllt. Bitten Sie jemanden, Ihnen zu helfen!

Oder anders: In Ihrem Lebensmittelmarkt, wo Sie bereits seit Jahren einkaufen, steht eine Kiste Wasser – ja, genau die Marke welche Sie immer trinken – ganz oben im Regal, auf anderen Kisten gestapelt. Was tun Sie?

Gehen Sie weg und sagen sich ›Morgen steht der Kasten vielleicht unten‹, oder holen Sie sich Hilfe herbei und bitten freundlich darum, Ihnen den Kasten hinunter zu heben? Was kann Ihrer Meinung nach im schlimmsten Fall passieren? Jemand könnte *Nein* sagen oder Sie vielleicht schräg von der Seite anschauen – mehr passiert nicht. Und was ist daran so schlimm?

Ruhen wir in uns selbst sind wir weniger angespannt, ja sogar weniger angstfrei – kann das wiederum dazu beitragen, dass wir offener auf die Menschen zugehen können. Es ist nicht das Ziel der Achtsamkeit, sich zurückzulehnen. Sie müssen schon ein bisschen mitarbeiten.

Wenn Sie diese Anspannung bemerken, versuchen Sie sich bewusst zu machen, dass es auch anders geht. Atmen Sie ein paar Mal ein- und wieder aus. Und dann beginnen Sie von vorn – was auch immer Sie vorhatten zu tun.

Durch eben diese Bewusstmachung, das in uns selbst diese Kraft liegt – ob nun verborgen oder bereits offen zu Tage tritt – müssen wir uns mit unseren Aktivitäten, unseren Gedanken beschäftigen. Durch wiederholtes Denken und Fühlen wird diese Verbindung einer Stabilität unterzogen, wir können besser einschätzen wie weit wir gehen können, bevor uns eine gewisse Aufgabe Stress und damit Unwohlsein bereitet.

Wir müssen unsere Komfortzone verlassen! Verlassen, weil wir etwas Neues dazulernen wollen. Wir möchten uns von negativen Situationen und Emotionen verabschieden, von einem Leben

welches wir nicht mögen, welches wir jedoch annehmen, weil wir es nicht anders gewohnt sind.
Deshalb: In dir selbst liegt die Kraft dich zu ändern. An sich selbst arbeiten, sich selbst in Frage stellen, sich zu hinterfragen, das muss unsere Aufgabe sein, welcher wir uns zu stellen haben.

Exkurs: *Der goldene Weg*
Zugegeben, die Sache ist kompliziert. Doch besehen wir es recht, war irgendetwas schon einmal irgendetwas wirklich einfach?
Sind wir jemals durch unser Leben gegangen ohne irgendeinen Stolperstein? Ohne einmal in einem Gedanken Karussell gefangen zu sein? Hatten wir in unserem Leben einmal überhaupt keinen Stress? Ein jeder von uns kann diese Fragen sicherlich mit einem klaren Ja beantworten.
Unser Lebensrhythmus, welchen wir bis jetzt gegangen sind, hat uns so einiges abgefordert. Deshalb dürfen wir jetzt – wo wir die Achtsamkeit an unserer Seite haben – nicht ungeduldig werden

wenn etwas mal nicht so klappt, wie wir es uns vorstellen. Achtsamkeit ist Arbeit, Achtsamkeit zeigt uns, wie wir im Alltag mit uns selbst umgehen. Unserem Inneren Kind zuhören und durch gesteigerte Aufmerksamkeit wieder Spaß am Leben haben. Bewusst sollten wir Dinge in diesen Prozess integrieren, die wir nicht so gerne tun – dies fordert uns und macht uns sensibel auch für unschöne Dinge.

Wenn Sie mir bis jetzt gefolgt sind werden Sie feststellen, dass wir inzwischen das Wort *müssen* ein wenig zur Seite gedrängt haben, und uns mit dem l*ernen* bzw. mit dem *achtsamen* Miteinander beschäftigen.

Den Alltag zu meistern, zuzuhören, auf sich *selbst* zu hören, dass ist das, was für Sie im Hier und Jetzt ansteht. Wir alle verfügen über die Fähigkeit uns allein mit der Kraft unseres Geistes, unserem inneren Ist-Zustand so zu verändern, dass dieser unser ganzes Leben verändert.

Mit Hilfe von geführten Meditationen sollte es uns gelingen diese neue Sichtweise auf unser Leben zu erzielen – oft geschieht dies völlig wertfrei, aus uns selbst heraus.

Tagein, tagaus gilt es Entscheidungen zu treffen – alles, was Sie jedoch im Moment zu tun haben ist, sich bewusst mit dem Entscheidungen auseinander zu setzen, die Sie in der Vergangenheit getroffen haben.

Achtsamkeit dem Körper gegenüber kann bewirken, dass Sie Ihre Entscheidungsfindung besser abwägen (Bauchgefühl).

Achtsamkeit ermutigt Sie, Ihre Gedanken, Gefühle und Handlungen gezielt zu beobachten. Wir beginnen unser Leben quasi von vorn.

Soweit unser Diskurs – Der goldene Weg – den ich Sie bitte, mit viel Achtsamkeit und Demut zu lesen. Nehmen Sie bitte gezielt all das in sich auf, was Sie aus diesem Exkurs für sich selbst mitnehmen möchten. Lassen Sie Ihre Gedanken fließen.

Mit allen Sinnen denken und fühlen – sagt man nicht so.

Affirmation: Dein Umfeld soll dein Lehrmeister sein.

Gemeint ist damit, das eigene Leben harmonisch und heilsam zu gestalten. Es bedeutet ebenso, dankbar gegenüber Menschen zu sein, die versuchen uns wieder aufzurichten, geht es uns einmal schlecht oder wir benötigen anderweitige Hilfe. Hier sollten wir lernen, diese Dankbarkeit unserem Gegenüber zu zeigen. Es hat etwas mit Innerer Reife zu tun.

Wenn wir von dem Kapitel und dem damit verbundenen Exkurs *In dir selbst die Kraft dich zu ändern* ausgehen, ist diese Affirmation genau die richtige Parabel, welcher wir uns stellen sollten.
Die Weisheit ist in uns, also offenbar sie sich auch irgendwann unserem Denken und Fühlen. Wir müssen nur unserer eigener Beobachter werden – uns selbst in Achtsamkeit und Sinngebung üben.

Anstatt Ihrem Denken zu erlauben zu wandern wie es will, trainieren Sie es sanft darauf, bei einem Objekt zu bleiben. Das allein kostet schon sehr viel Kraft.

Mittlerweile haben wir schon sehr viel über Achtsamkeit gelernt, auch haben wir gelernt, wie wir unseren Geist beruhigen können, wenn er einmal zu viele Gedanken zu verarbeiten hat. Wir haben unserem Inneren Kind ein Gefühl der Geborgenheit gegeben.
In Freiheit und Liebe mögen wir es betrachten, und wir haben über die Kindheit, die Jugend, die Frau als Mutter, bis hin zum Alter einen großen Bogen des Lebens gespannt.
All das wird unseren Denkprozess nachhaltig beeinflussen, idealerweise wird dieses Buch Ihnen helfen sich ein völlig neues Lebensgefühl anzueignen, und eben nicht diesem imaginären Tross zu folgen, welchen wir im ersten Part des Buches ausführlich besprochen haben.

Sie allein sind wichtig, Sie allein können ohne Hilfestellung wie diesem »Ja … aber« zurechtkommen, Sie allein glauben an sich – andere Meinungen lassen Sie bitte nicht gelten.

Die Liebe zu sich selbst bringt Heilung und Frieden. Ist das nicht ein wunderbarer Abschluss für dieses Kapitel.

»Ich bin liebevoll zu mir selbst.«

Wir nehmen uns zurück durch den achtsamen Gebrauch all unserer Sinne. Wir verinnerlichen all das, was wir für wichtig erachten. Ist es nicht wunderbar all das loslassen zu können was uns seit Jahren quält! Nur allein durch die Tatsache, dass wir nun in der Lage sind, unseren Geist zu beruhigen, unsere Gefühle zu besänftigen – und dadurch nicht mehr so aufbrausend zu sein.

Ich wünsche Ihnen von ganzem Herzen dass sich Ihr friedvoller Blick in der Form auswirkt, dass Sie gelassener und zufriedener werden und Ihr Leben unbeschwert genießen können.

Allmählich nähern wir uns dem Ende dieses Buches, doch um ein Thema kommen wir nicht herum – dem der Reizüberflutung.

Reizüberflutung – wie kann Achtsamkeit helfen?

Folgende Reizwörter möchte ich Ihnen an die Hand geben:

- *Straßenlärm (Presslufthammer, Baugeräusche).*
- *Hupende Autos.*
- *Kreischende Kinder (Auseinandersetzung, Spielplätze).*
- *Greinende Babys.*
- *Beschallung im Kaufhaus (Animation zum Kauf).*
- *Gehetztes Leben.*

- *Angst, zu versagen.*
- *Fluglärm, vorbeirasende Züge (in Großstädten oder an Bahntrassen).*
- *Arrogante Menschen (machen uns klein!).*

Reizwörter, Reize ausübende – ja vielleicht mit Wut behaftete Thematika, um die wir aber auch bei dem Thema Achtsamkeit nicht herumkommen. Uns mit diesen zum Teil gravierenden Punkten, die mittlerweile zu unserem Leben dazugehören.

Allein wie wir damit umgehen – ist eine Frage, die wir uns stellen – und das ganz bewusst und in aller Ruhe.

Stellen wir erst einmal Folgendes fest: Kinder, die überaus schrill und nachhaltig schreien, sind oftmals lauter als ein Verkehrsmittel, Babys die greinen oder laut weinen haben Bedürfnisse, keine Frage.

Wenn ich sie trotzdem mit in das Thema Reizüberflutung mit hineingenommen habe dann deshalb, weil diese »Beschallung« unser Innenohr stört, daraus kann ein Tinnitus erfolgen. *Doch beginnen wir erst einmal mit dem Kapitel, bevor sich sofort Debatten an diesem Reizthema entzünden.*

Reizüberflutung – was hat das mit Achtsamkeit zu tun werden Sie fragen? Wir sollen doch zur Ruhe kommen, Muße finden, und im Zeitalter der Technisierung in unserer inneren Mitte ruhen.
Alles so weit richtig – nur, was ist jetzt, genau in diesem Augenblick? Reizüberflutung macht uns krank, der Lärm welchem wir Tag für Tag, Stunde um Stunde ausgesetzt sind, lässt uns unser Leben nicht so leben, wie wir es gerne möchten.

Ein Beispiel von vielen:
Die Stadtverwaltung einer mittelgroßen Stadt hat es tatsächlich fertig gebracht eine Schule und eine KiTa direkt neben ein Altenheim zu bauen.
???
Ich frage mich a) welches Bauamt kann so etwas eigentlich genehmigen? und b) ich denke an beide Parteigruppen, nicht nur eine. Fakt ist dennoch: Mit an Sicherheit grenzender Wahrscheinlichkeit, sind

beide mit der Situation mehr als unzufrieden. Ohne jemandem zu nahe treten zu wollen: »Ist dies ein Schildbürgerstreich oder hatte da jemand einen Black-out? So etwas geht nicht!«

Tatsächlich verhält es sich doch so: Der Lärmpegel hat in den letzten Jahren extrem zugenommen, sehr viele Menschen leiden darunter. Verbunden damit ist das Thema Stress, das eine Folge der ständigen Lärmbeschallung ist. Auch wenn wir in uns ruhen und uns meditativ mit diesem Thema auseinander setzen, kommen wir nicht darum herum klar zu definieren; Lärm macht krank. Die Folge davon: Wir kommen nicht zur Ruhe.

Die Geräuschkulisse endet auch nicht in der Nacht, wenn Sie das Pech haben in der Nähe eines Flughafens zu wohnen, vielleicht an einem Autobahnzubringer oder dergleichen. Doch genauso verhält es sich mit anderen Verkehrsmitteln, die zwar von der Beschallung her nicht so laut sind, doch auch sie bereiten uns Probleme: (*Reizthema schlechte Luft*). All dies zusammengenommen ist ein Fass ohne Boden. Nicht umsonst sind die Praxen der Ärzte, die sich mit Umweltmedizin, Stress und deren Folgen auseinander setzen, immer gut gefüllt.

Nun könnte man, um das Thema Achtsamkeit einzubinden, versuchen sich vorzustellen, dass es eben eine Folge der Technisierung ist, gegen die wir kaum eine Handhabe hätten – wir spüren nun die Auswirkungen dessen, was wir vielleicht selbst gewollt haben. Schnellere Züge, kürzere Lieferzeiten von Paketen, besser ausgebaute Straßennetze – doch all das wäre ein anderes Kapitel.

Was ich Ihnen zu vermitteln versuche ist Folgendes: Das ganze Buch hindurch habe ich versucht, Ihnen das Thema Achtsamkeit näher zu bringen, und nun komme ich Ihnen mit Reizüberflutung! Gehört all dies überhaupt hierher?

Ja und wie!

Hierzu ein kleiner Tipp: Je mehr ich mich in ein Thema hineinsteigere (sei es nun der Verkehrslärm der mich fast zum Platzen bringt, oder das schrille Kreischen eines Kindes oder oder oder – je mehr ich mich also hineinsteigere, desto mehr höre ich tatsächlich.

Das soll beileibe kein Rezidiv sein – nein, Sie sollen sich in einem kritischen Moment all das bildlich vorstellen, was wir bis dato besprochen haben.

Sie sind gerade erwacht, nehmen bewusst ihr neues Leben wahr – lassen Sie sich dies nicht durch Umweltlärm kaputt machen.

Affirmation: Seelische Kraft offenbart sich über geistige Anbindung.

Über die Jahrhunderte hinweg hat sich die Bedeutung der Achtsamkeit, der Muße und den gesellschaftlichen Werten stetig entwickelt. Nun stoßen wir an die Grenzen der Industrialisierung – wir hetzen, wir beurteilen, wir schimpfen teilweise wie die Rohrspatzen, weil uns diese Dauerbeschallung den letzten Nerv raubt.

Je weniger wir hetzen, je weniger wir uns beurteilen, und je weniger wir unser Leben mit Themen zumüllen, die wir nicht ändern können, desto freier und ausgeglichener werden wir sein. Muße ist mehr als ein zeitlicher Rahmen, welchen wir uns geschaffen haben. Muße ist eine Erlebensqualität, die folgende Aspekte beinhaltet:

- *Zeit für das Wesentliche finden.*
- *Sich die Erlaubnis zum Nichtstun geben.*
- *Auszeiten nutzen.*
- *Die innere Mitte finden.*
- *Sich in Achtsamkeit üben.*
- *Stress abbauen, um ein gewisses Maß des Geräuschpegels auszublenden (Meditation).*
- *Sanftheit erspüren.*
- *Lebensqualität erschaffen.*

Nun haben wir den Bogen so weit gespannt, dass er alsbald zu Platzen droht. Wir sind über die

Reizüberflutung hin zu den Themen *Wie kann ich mich überhaupt dagegen wehren,* hin zu unserer ureigenen Kraft und der damit verbundenen Lebensqualität gekommen.

Keine Frage, unsere heutige Zeit ist laut, sie ist schnelllebig und oftmals kommen wir einfach nicht mehr hinterher: *Müssen wir das eigentlich?* Können wir nicht einfach unseren ganz normalen Rhythmus leben – *müssen* wir uns dieser Herde (welche wir sooft bemüht haben) wieder einmal anschließen, damit wir dazugehören. *Nein!*

Sie haben das nicht (mehr) nötig! Sie genießen die Freiheit, sich in der Achtsamkeit auszukennen, mit dieser zu arbeiten und sich doch eine gewisse Botschaft zu Eigen zu machen: *Die Liebe zu sich selbst bringt Heilung und Frieden.*

Lassen Sie einfach jetzt diese Worte sinken.
Legen Sie eine Pause ein. Vielleicht legen Sie das Buch einmal zur Seite – und atmen bewusst ein und wieder aus. Atmen Sie tief in Ihren Brustkorb hinein,

schließen Sie die Augen und lassen die Worte Revue passieren.

Könnten Sie sich vorstellen diese Übung an einer belebten Straße oder auf einem Bahngleis vorzunehmen, wenn eine Durchsage nach der anderen erfolgt (dann natürlich mit offenen Augen!). Sollten Sie sich dazu in der Lage sehen, dann werden Sie irgendwann alle negativen Einflüsse, welche sie vehement stören ausblenden können. Unser Gehirn ist dazu in der Lage.

Wohlgemerkt: Dies kann sich über Monate hinziehen und vielleicht gelingt es nicht bei allen Störfaktoren (ich hasse Baulärm und die damit verbundenen Geräusche extrem, und ich kann sie auch nicht ausblenden), doch bin ich präsent, ganz bei mir und mit mir selbst im Reinen bin, so kann ich zumindest einen Großteil der krank machenden Geräuschkulisse ausschalten, und mal ehrlich – das ist doch schon ein ganz schönes Stück unseres Weges.

Achtsam sein. Hinterfragen? Kann ich etwas dagegen tun? Muss ich wirklich jetzt, ausgerechnet zur Rushhour hier entlang gehen, kann ich mir nicht vielleicht eine Ausweichroute auswählen, mit welcher ich stressfreier zur Arbeit, zur Schule, zum Sport komme?

All das wäre etwas womit es sich lohnt, auseinander zu setzen. Es bringt Ihnen ein Stück Lebensqualität zurück.

Seien Sie achtsam mit sich!

Ausklang

Wir haben nun das Ende dieses Buches erreicht und Sie werden sich vielleicht fragen: War's das jetzt?

Nein, da war's natürlich noch nicht. Wir wollen das Buch ausklingen lassen, indem wir uns vorstellen was wir bewusst mitgenommen haben.

Da wäre sicherlich das Thema Achtsamkeit, aber auch der zeitliche Freiraum, von welchem wir gesprochen haben. Die Muße, die uns wir bewahren sollten in dieser hektischen Zeit. Uns hieraus, eine für uns akzeptable Lebensqualität aufzubauen.

Wir sollten uns nicht mehr klein machen, und wir brauchen dies auch nicht mehr zu tun, denn wir sind jemand.

Denken Sie an unser Gedankenkarrussell, das fährt und fährt, solange wir unsere Gedanken nicht zur Ruhe kommen lassen. Oder andersherum gesagt: Solange wir unseren Gedanken gestatten, uns zu beherrschen.

Wir möchten weder in einem Hamsterrad unsere Runden drehen, noch unsere Karussell Fahrt auf immer und ewig genießen.

Worte wie: Für eine Weile, für eine kurze Zeit sind nicht nur so daher gesagt oder aufgeschrieben, sondern sie drücken das aus, was in uns passiert:

- *Für eine Weile halte ich dem Druck stand, bin ich mit dieser Lösung einverstanden …*
- *Für eine gewisse Zeitspanne kann ich mit Stress umgehen, kann über meine Grenzen gehen, wenn ich danach eine Regenerationsphase bekomme.*

Das sollten wir uns zu eigen machen, denn wie wir mit Gefühlen und den dazugehörigen Emotionen umgehen. All das kann und wird unser Leben nachhaltig prägen.

Achtsamkeit bietet Ihnen die Möglichkeit, dieses emotionale Auf und Ab zu besänftigen und mit einer gewissen Distanz an die Sache heranzugehen.

Der Arbeitswelt entziehen können wir uns selten bis gar nicht, doch wir können etwas tun, damit uns diese nicht auffrisst. (s. oben).

All dies ist dazu gedacht uns als Menschen, respektive Sie als Leser/in anzuhalten, sich selbst zu hinterfragen und zu wandeln. Selbsterkenntnis zu erlangen, dass wir *selbst* es in der Hand haben, wie es uns in unserem Leben geht.

Wir haben es in der Hand zu sagen: *Bis hierhin und nicht weiter!*

Es gibt einige hervorragende CD's die Ihnen Mut sollen, auf Ihrem Weg hin zu mehr Achtsamkeit. Außerdem gibt es mittlerweile eine sehr gute

Achtsamkeits-App, welche kostenlos im Internet herunterzuladen ist (diese habe ich Ihnen bereits zu Beginn des Buches ans Herz gelegt).

Wir haben viel besprochen in diesem Buch, vom Kind bis zum älteren Menschen hin zu unserer Umwelt und was sich für uns daraus erschließt.
Sehr häufig versuchen wir, Gefühle zu leugnen und so zu tun, als gäbe es diese gar nicht. Doch glauben Sie mir, Sie sind da, und wenn Sie nicht sagen: STOPP!, so werden Sie diese negativen Gefühle oder Empfindungen eines Tages auffressen. Lassen Sie es nicht so weit kommen.
Schärfen Sie Ihr Bewusstsein mit Hilfe der Achtsamkeit, und entdecken Sie eine völlig neue Seite in sich. Nämlich: *Was möchte mir das Leben eigentlich sagen? Was passiert eigentlich da draußen um mich herum? Muss ich alles an mich heranlassen?*
Das sind nachhaltige Fragen, die Sie sich stellen sollten, denn nur so wird Ihr Geist ruhiger,

wachsamer. Gelassenheit und Dankbarkeit gewinnen die Oberhand.

Solche Empfindungen können eigentlich nicht mit Worten beschrieben werden – Worte greifen hier zu kurz. Sie selbst müssen es spüren, *er*spüren. Im Grunde genommen ist dieser Zustand der natürlichste der Welt. **Er muss nur entdeckt und gelebt werden.**

Sie sollten nicht in ihren Gedankenschleifen hängen bleiben. Bitte lernen Sie, Ihre Aufmerksamkeit bewusst auf das Wesentliche im Leben zu lenken.

So manches sich im Nachhinein als einfacher dar, als Sie es vielleicht je geglaubt haben. Auch unsere so genannten ›Scheuklappen‹ sollten von nun an zur Vergangenheit zählen, denn auch diese brauchen wir jetzt nicht mehr.

Wir können, durch bewusste Atmung und eine bewusste Wahrnehmung, uns in unsere eigene Gedankenwelt katapultieren. Dorthin, wo wir geschützt sind, wenn uns Druck, Anspannung oder

Unzufriedenheit, Grübelei und Sorgen zu sehr übermannen und wir vor einem persönlichen Desaster stehen.

Mit Achtsamkeit und der richtigen Atmung werden Sie all diese Dinge in den Griff bekommen. Sie werden in der Lage sein, sich schwierigen Situationen zu stellen und diese nicht wieder in irgendeine Schublade stecken.

Sie werden sich bewusst wahrnehmen, und nicht wieder in sich zusammensinken.

Sie sind stark. Sie sind einzigartig – und nur Sie allein haben es in der Hand sich in Ihrem neuen Leben einen Kraftort zu erschaffen, an welchem Sie sich zurückziehen können, wenn Sie es für richtig befinden.

Möge es Ihnen auf Ihrem Weg dorthin immer gut ergehen und Ihre Seele den Reifeprozess erlangen, welche sie schon sehr lange sucht.

Namaste und ein friedvolles Leben.

Ende.

Buchtipp:

Reden wir über Sex - Ratgeber über die schönste Nebensache der Welt

„...Willkommen zu unserer Reise der *Lust* auf welcher wir so herrliche Dinge besprechen werden wie Cunnigulus, Blowjobs, Analsex – wir werden reden über alle Bereiche der Lustbarkeit und uns doch kritisch mit dem Thema Sexualität auseinander setzen.

Wir werden herausarbeiten, warum es in unserer heutigen Zeit immer noch viele Vorurteile wegzuräumen gilt und da dieser Ratgeber überwiegend Paare anspricht, so werden wir auch eine Reise in die Vergangenheit unternehmen, wo Sex noch Sex war, und nicht nur Hochleistungssport oder wo bereits bei der Sichtung diverser Anleitungen einem der Schweiß ausbricht.

Nein, alles was wir wollen, ist, dass Sie, liebe Leserinnen und Leser anregende Stunden zu zweit verbringen, wir werden Fragen beantworten und mit diversen Vorurteilen aufräumen. Sex ist so viel mehr als die oftmals prognostizierte *schnelle*

Nummer – nein Sex ist die schönste Nebensache der Welt (noch vor dem Fußball, meine Herren!).

Reden wir also über Sex. Viel Spaß mit diesem erotischen Ratgeber.

Bevor wir mit dem eigentlichen Themenbereich, den Fragen und den dazugehörigen Antworten starten, würde ich gern dieses Büchlein mit einem Begriff beginnen, welcher Achtsamkeit heißt – alte Hasen, wissen, was dieser Begriff bedeutet: Die Auseinandersetzung mit sich selbst und seiner Umwelt.
Eine Partnerschaft, in die Jahre gekommen, ist nichts anderes. Wir müssen uns mit uns beschäftigen, diese Partnerschaft wieder in richtige Spur bringen.
Deshalb spielt dieses Achtsamkeitstraining eigentlich sehr schön das wieder, was wir mit diesem Buch erzielen möchten.

Die *Schwere* aus der Sexualität herausnehmen. Miteinander reden, miteinander (wieder) glücklich werden.."

Zu finden unter
ISBN: 9783743162648

Impressum

DiKay

c/o BJ-Autorenservice

Gildehauser Weg 140a

48529 Nordhorn

Email: dikaybooks@gmail.com

Copyright © 2017 DiKay

Bildmaterial: fotolia.de | Harmony with nature
Datei: #108146015 | Urheber: Photographee.eu

Alle Rechte vorbehalten.

Das Werk ist urheberrechtlich geschützt und jede Verwertung ist ohne Zustimmung des Autors unzulässig.

Dies gilt insbesondere für die elektronische oder sonstige Vervielfältigung, Übersetzungen und öffentliche Zugänglichmachung.

Herstellung und Verlag:
BoD - Books on Demand, Norderstedt
ISBN 978-3-7431-9337-6